COURS COMPLET
DE
STÉNOGRAPHIE PRATIQUE

S'APPRENANT SANS MAITRE

ET PERMETTANT DE SUIVRE LA PAROLE

(Système abréviatif greffé sur l'alphabet DUPLOYÉ)

Par F. CANTON

Officier d'Académie

Sténographe de la Presse, de la Chambre de Commerce de Bordeaux
et du Conseil général des Landes
Chargé des Cours de Sténographie au Lycée de Bordeaux
et à la Chambre syndicale des Employés de commerce.

Prix : 2 fr.

BORDEAUX

IMPRIMERIE DE G. DELMAS
Rue Saint-Christoly, 10

1894

ASSOCIATION STÉNOGRAPHIQUE FRANÇAISE

(MÉTHODE CANTON)

L'**Association Sténographique Française** a pour but l'enseignement **gratuit** de la sténographie et son introduction dans les établissements d'instruction secondaire et supérieure. (Cotisation annuelle : 10 fr., abonnement au journal *France-Sténographe* compris).

Président d'honneur	Président
M. Couat (✱, O I.), Recteur de l'Académie de Bordeaux.	M. Georges Tauzin, cours de Tourny, 51 (Bureau, rue Émile-Fourcand, 30 *bis*)

Pour tous les renseignements concernant l'Association, s'adresser au Président, M. Georges Tauzin, rue Émile-Fourcand, 30 *bis*, Bordeaux.

COURS DE STÉNOGRAPHIE

La **Sténographie** (*méthode Canton*) est enseignée au Lycée de Bordeaux, à la Chambre syndicale des Employés de commerce, à l'Athénée municipal, à la Société Philomathique de Bordeaux (section des Dames), à la Société Philomathique de Libourne, et dans un grand nombre d'autres institutions.

SYSTÈME D'ÉCRITURE ABRÉGÉE

APPLICABLE AUX

MACHINES A ÉCRIRE

et permettant de recueillir sous la dictée

UNE CENTAINE DE MOTS A LA MINUTE

PAR F. CANTON ET G. DELMAS

Franco : **3 fr.** en mandat ou timbres-poste, adressés à M. G. DELMAS, éditeur, 10, rue Saint-Christoly, Bordeaux

Cette écriture abrégée a pour objet de permettre aux écrivains de recueillir soit à la main, soit à la **machine à écrire**, sous la dictée, **une centaine de mots à la minute**. — Elle s'appuie sur des règles très simples, absolument fixes, et se prête facilement à une lecture mutuelle, de telle sorte que le texte abrégé peut être lu ou traduit, ou mis au net, par une personne autre que celle qui l'a écrit. — Toutes les lettres typographiques de la machine sont utilisées; celles que le phonétisme emploie gardent leur signification propre, tandis que les autres possèdent une signification spéciale, donnant le moyen à un opérateur ordinaire d'acquérir en peu de jours une très grande rapidité. — **Rapidité, lisibilité**, tel est le résultat visé et obtenu par les auteurs du nouveau système abréviatif.

COURS COMPLET
DE
Sténographie Pratique
(Système greffé sur l'alphabet DUPLOYÉ)

PAR

F. CANTON

Sténographe de la Presse, de la Chambre de Commerce de Bordeaux
et du Conseil Général des Landes ;
Chargé des Cours de Sténographie au Lycée de Bordeaux et à la
Chambre syndicale des Employés de commerce.

Explications préliminaires.

Un professeur n'est pas indispensable pour apprendre la sténographie aux personnes qui sont sincèrement désireuses de la connaître. Il n'y a rien d'abstrait dans ses préceptes. C'est une science à la portée de tous, d'une simplicité extrême. Elle ne comporte que des règles précises et peu nombreuses. Elle présente dix fois moins de difficultés, surtout pour les jeunes organisations, que l'étude de l'écriture ordinaire. C'est une écriture raisonnée et rationnelle.

Toutes nos leçons peuvent se résumer de cette façon : tel son, telle lettre, telle syllabe, tel mot se trace de telle manière, se traduit par tel signe, et ce signe s'écrit et se lie aux autres d'après telle convention.

Cela est assurément fort clair et ne saurait fatiguer l'esprit.

Notre Cours est divisé en douze leçons, de deux heures chacune. Nous entendons par là qu'après une demi-heure passée à se pénétrer de la leçon elle-même, on doit faire intervenir une heure et demie d'étude et d'exercices sur les règles que l'on vient d'étudier.

DIVISION DU COURS.

Première leçon
1º. Orthographe sténographique ;
2º. Tableau des signes-consonnes (simples, renforcés et doubles);
3º. Tracé des signes-consonnes.

Deuxième leçon
1º. Consonnes renforcées ;
2º. Consonnes doubles ;
3º. Liaison des signes-consonnes.

Troisième et quatrième leçons
1º. Tableau des signes-voyelles et nasales ;
2º. Tracé des signes-voyelles et nasales ;
3º. Règle de liaison des signes.

Cinquième leçon
1º. Tableau récapitulatif des voyelles et nasales initiales ;
2º. Tableau récapitulatif des voyelles et nasales médiales ;
3º. Tableau récapitulatif des voyelles et nasales finales ;
4º. Exercice de révision.

Sixième et septième leçons
1º. Finales liées ;
2º. Exercice ;
3º. Finales détachées ;
4º. Tableau récapitulatif des finales ;
5º. Exercice.

Huitième leçon
1º. Suppression de syllabes médiales ;
2º. Préfixes ;
3º. Mots usuels.

Neuvième et dixième leçons
1º. Conseils pratiques ;
2º. Exercices d'écriture et de lecture.

Onzième leçon
1º. Procédés abréviatifs supérieurs ;
2º. Adjectifs et participes ;
3º. Suppression de voyelles et de consonnes médiales ;
4º. Liaison de mots ;
5º. Abréviations logiques.

Douzième leçon
1º. Numération ;
2º. Ponctuation ;
3º. Conseils pratiques ;
4º. Texte sténographique.

Première Leçon.

1º Orthographe sténographique.

Dans l'écriture usuelle, on emploie presque toujours plusieurs lettres pour exprimer un son.

Dans l'écriture sténographique, au contraire, un seul signe représente un ou même plusieurs sons.

La sténographie réduit les mots à leur plus simple expression et ne tient aucun compte de l'orthographe usuelle.

On écrira om, fam, animo, ajan, pinso, chapo, abi, pour homme, femme, animaux, agents, pinceau, chapeau, habit.

Les sons a, ah, ha, as, etc., sont rendus par le signe de a.

Les sons é, è, ai, ais, aient, etc., sont rendus par le signe de é.

Les sons i, y, is, it, iz, etc., sont rendus par le signe de i.

Les sons u, ut, us, etc., sont rendus par le signe de u.

Les sons eu, œu, eut, etc., sont rendus par le signe de eu.

Les sons ou, oux, out, etc., sont rendus par le signe de ou.

Les sons oi, oix, oit, oie, etc., sont rendus par le signe de oi.

Toutes les consonnes se prononcent comme si elles étaient suivies d'un e muet : pe, be, fe, ve, etc.; cela permet de supprimer l'e muet et d'écrire avec un seul signe, les monosyllabes de, je, le, me, ne, que, se, te.

C, k et q se prononcent que.

Les lettres t, c, g, s, sont toujours dures te, que, gue, se.

Les lettres ph sont remplacées par f : philosophe, phalange s'écriront filozof, falanj.

W est remplacé par v ou par ou, suivant le son entendu, comme wagon et whist que l'on écrira vagon, ouist.

X s'écrit gz ou cs comme dans les mots exilé, extra, que l'on écrira egzilé, ecstra.

La lettre h est supprimée.

2ᵉ Tableau des signes-consonnes.

Pour écrire la sténographie, on fait usage de signes géométriques dérivant de la ligne droite et de la circonférence.

Consonnes simples.			Consonnes renforcées.		
pe	ı	petite verticale.	pr ou	p‒r	ı
be	l	grande verticale.	br „	b‒r	l
te	‐	petite horizontale.	tr „	t‒r	‐
de	—	grande horizontale.	dr „	d‒r	—
fe	\	petite oblique à droite.	fr „	f‒r	\
ve	\	grande oblique à droite.	vr „	v‒r	\
ke	/	petite oblique à gauche.	kr „	k‒r	/
gue	/	grande oblique à gauche.	gr „	g‒r	/
me	(	grand demi-cercle (extrémités à droite.)	mr „	m‒r	(
ne	)	grand demi-cercle	nr „	n‒r	)
gne	)	(extrémités à gauche.)	gnr .	gn‒r	)
je	⌒	grand demi-cercle	jr „	j‒r	⌒
che	⌒	(extrémités en bas.)	chr „	ch‒r	⌒
se	⌣	grand demi-cercle	sr „	s‒r	⌣
ze	⌣	(extrémités en haut.)	zr „	z‒r	⌣
ll mouillés ∽		plusieurs petits demi-cercles.	llr „	ll‒r	∽
le	/	petite oblique de bas en haut.	l et r sont les seules		
re	/	grande oblique de bas en haut.	consonnes qui ne se renforcent pas		

Consonnes doubles.

m‒m	(	demi-cercle deux fois plus grand que celui de m.	j‒j ou j‒ch	(	demi-cercle deux fois plus grand que celui de j.
n‒n ou n‒gn	)	demi-cercle deux fois plus grand que celui de n.	s‒s ou s‒z	⌣	demi-cercle deux fois plus grand que celui de s.

3º Tracé des signes-consonnes.

Les signes-consonnes (simples, renforcés ou doubles) se tracent toujours dans le sens indiqué par le tableau, c'est-à-dire de haut en bas ou de gauche à droite. Leur position est absolument fixe.

Seuls, les signes de le et re se tracent en remontant. Lorsqu'ils sont isolés dans une phrase, on leur donne une inclinaison plus grande pour les distinguer de ke et de gue.

Ex : ke / gue /
       le ⁄   re ⁄

Les signes des consonnes p, t, f, c, l, ont un tracé deux fois plus petit que celui des consonnes b, d, v, g, r.

DEUXIÈME LEÇON

1º Consonnes renforcées.

On appelle consonne renforcée, une consonne écrite en appuyant plus fort sur le papier avec la plume ou le crayon. On imite ainsi les pleins de l'écriture ordinaire.

Dans l'écriture usuelle on rencontre très souvent une consonne suivie de la lettre r, comme pr, br, tr, dr, etc.

En sténographie Canton, on supprime, dans ce cas, la lettre r et on renforce la consonne.

Ex : Les sons pr, br, tr, dr, fr, vr, etc., s'écrivent :

Fréquemment, entre la consonne et la lettre r, se trouve une voyelle que l'on supprime également.

Ex : Les sons par, per, pir, por, pur, pour s'écriront comme pr

Les sons bar, ber, bir, bor, bur, bour s'écriront comme br

et ainsi de suite pour toutes les autres consonnes.

La deuxième colonne du tableau des signes-consonnes donne la nomenclature complète des consonnes renforcées qui sont assujetties à la règle suivante :

Lorsqu'une consonne est suivie de r, avec ou sans voyelle médiale, on supprime r et la voyelle médiale et on renforce la consonne.

On peut ne renforcer qu'une partie de la consonne, celle qui s'y prête le mieux.

Cette règle n'est pas applicable aux signes de l et r, qui se tracent de bas en haut et qu'on ne doit jamais renforcer.

Comme on le voit, le renforcement a pour objet d'indiquer que le signe renforcé doit être lu en le faisant suivre de r et en rétablissant, s'il y a lieu, la voyelle médiale.

L'impossibilité matérielle de lire les consonnes renforcées sans placer entre elles une voyelle, dispense d'exprimer cette voyelle.

Il s'agit de savoir quelle voyelle est sous-entendue. Cette question ne présente dans la pratique aucune difficulté : 1° parce que le nombre des voyelles est très restreint ; 2° parce que la lecture ne porte jamais sur un mot seul, jamais même sur une phrase détachée, mais sur un ensemble de mots, de phrases ayant un sens suivi qui ne permet aucune hésitation.

2° Consonnes doubles.

On appelle consonnes doubles deux consonnes de même nature qui se suivent.

La troisième partie du tableau donne la nomenclature complète des consonnes doubles qui sont assujetties à la règle suivante :

Lorsque deux consonnes courbes de même nature se suivent : m-m, n-n, n-gn, gn-n, gn-gn, j-j, j-ch, ch-j, ch-ch, s-s, s-z, z-s, z-z, on en supprime une et on donne à l'autre un tracé deux fois plus grand.

La voyelle médiale se supprime, mais on la rétablit dans la lecture.

On remarquera que cette règle ne s'applique qu'aux consonnes courbes m, n, j, s, séparées par une voyelle et non par une des nasales an, in, on, un, que nous étudierons plus loin.

Lorsque deux consonnes courbes de même nature sont séparées par une nasale, la règle des consonnes doubles n'est pas applicable.

Il en est de même lorsqu'une des consonnes courbes de même

nature ou lorsque les deux consonnes courbes de même nature sont suivies de r et doivent être renforcées. La règle des consonnes doubles n'est pas applicable.

Ex : même , juge , sauce , nonne
s'écriront :
tandis que : censé , censeur , jugerons , sursis , surseoir
s'écriront :
en traçant les deux consonnes et la nasale qui les sépare, d'après les règles de liaison des voyelles aux consonnes qui font l'objet des 3ᵉ et 4ᵉ leçons.

Liaison des signes-consonnes.

Les consonnes se lient entre elles, en conservant toujours la position graphique qui leur a été donnée dans le tableau et en soudant la fin d'une consonne au commencement de l'autre.

Ex : pl   bl   cl   gl   fl
      dl   tl   mn   nm   sl
      st   sp   ps   sf   sv

porte   partir   perdre   mordre
morgue forge   sorte   sortir
dormir tournure borne   noircir
tenir   garnir   etc.

Remarque. — Deux consonnes droites de même nature peuvent se suivre. On les sépare alors par une sécante.

Ex : tertre , barbare , tordre , dortoir , ferveur , verve

Avant d'aller plus loin, il est essentiel que l'élève connaisse parfaitement la signification des signes-consonnes. Il devra les écrire posément, en observant exactement leur direction et leurs proportions, se rappelant : 1° que les signes de p, t, f, c, l, sont deux fois plus petits que les signes de b, d, v, g, r ; 2º que les signes des consonnes renforcées doivent être écrits en appuyant plus fort sur le papier ; 3º que les signes des consonnes doubles sont deux fois plus grands que ceux de m, n, j, s.

TROISIÈME ET QUATRIÈME LEÇONS.

1º Tableau des signes – voyelles et nasales.

Voyelles.	Nasales.
a ∘ petit cercle.	an) ⎫
o ○ grand cercle.	in ⎬ petits quarts de cercle formant
ou ⚬○ grand cercle avec ou sans boucle	on ⎭ ensemble un cercle.
oi ⊙ signes de o et de a combinés.	un
é ‿ petit ½ cercle (extrémités en haut.)	
è ⌒ petit ½ cercle (extrémités en bas.)	
i c petit ½ cercle (extrémités à droite.)	an　　　in
eu (grand ¼ de cercle (extrémités à droite)	⊕
u) grand ¼ de cercle (extrémités à gauche)	un　　　on

2º Tracé des signes – voyelles et nasales.

Ou se trace par un cercle bouclé à la fin des mots. Dans le corps d'un mot, il se trace comme la voyelle o.

Oi, oua s'écrivent avec un cercle dont la boucle est complètement fermée.

Lorsque les voyelles et les nasales sont employées isolément dans une phrase, elles sont fixes et conservent toujours la position indiquée dans le tableau.

Si, au contraire, les voyelles et les nasales se trouvent dans le corps d'un monogramme, elles se tracent dans le sens qui permet de les unir sans angle aux consonnes qui forment syllabe avec elles.

On appelle monogramme un mot constitué par un ensemble de signes liés.

3ᵉ Règles de liaison des signes.

Les signes de chaque mot (voyelles et consonnes) doivent être assemblés sans lever la plume, de manière à former un monogramme.

1ʳᵉ Règle. — Les voyelles et les nasales s'unissent sans angle aux consonnes qui forment syllabe avec elles.

L'application de cette règle n'offre aucune difficulté si l'on se reporte aux signes géométriques o et O d'où dérivent les voyelles et les nasales. Ces dernières prennent, en effet, les quatre positions des demi-cercles ou des quarts de cercle donnés par les signes géométriques suivants :

$$\left.\begin{array}{c} é \\ è \\ ê \\ i \end{array}\right\} \circ \text{ ou } \phi \cup \cap \subset \quad \left.\begin{array}{c} eu \\ u \end{array}\right\} \oplus ( ) \smile \frown \quad \left.\begin{array}{c} an \\ in \\ on \\ un \end{array}\right\} \oplus ( ) \smile \frown$$

En traçant à l'extrémité du signe-consonne l'une des figures ci-dessous, il suffit de voir quelle est celle qui s'unit sans angle.

Ex : Le mot dans composé de ___ et de ⸝ s'écrira ⌐, au lieu de ⌐ ou ⌐ ;

Le mot nu s'écrira ⟩ au lieu de ⟩ .

On écrira : tête, dette, thème, fête, brandir, sinon, prudence, tempête, mélange, dépêche, laine, traîne, frémir, suivant, limite, pile, présidence, mettre, corrige, France, civil, litige, rêve, pic, conférence, timide, finir, pontife, mourir, vite, cornette, craindre, fidèle, rime, dicte.

2ᵉ Règle. — Les signes de é, è, i, eu, u, an, in, on, un, commençant un mot, se tracent à gauche des signes verticaux ou obliques, au-dessous des signes horizontaux et en dehors des signes courbes.

Ex : ep , ipr , efr , iq , el , il , ir , être , aide , air , essor , is , èj , aime , ange , humeur , ai-je , anse , emblème .

3ᵉ Règle. — Les signes de i , u , an , in , finissant un mot, se tracent en avançant, s'ils sont unis à un signe vertical ou oblique et en remontant, s'ils sont unis à un signe horizontal.

Ex : pu , prix , pan , pin , vin , vent , vue , grain , rue , du , dit , dans , daim , cru , din , série , mairie , j'y suis .

4ᵉ Règle. — Les signes de é , è , eu , on , un , finissant un mot, se tracent en reculant, s'ils sont unis à un signe vertical ou oblique et en descendant, s'ils sont unis à un signe horizontal.

Ex : pré , dé , dès , gré , peu , d'eux , frais , creux , vœu , pont , pun , don , d'un , gérer , mener , été , ses , mes , n'est , jet .

Remarque. — On peut se dispenser d'exprimer à la fin d'un mot :

1º i , en mettant le mot suivant au-dessus du dernier signe.
Ex : si le , dit que , nourrit le .

2º é , è , en mettant le mot suivant au-dessous du dernier signe.
Ex : dès que , c'est que , donner le .

3º an , in , on , un , en coupant le dernier signe avec le mot suivant.
Ex : dans le , sans de , moment de .

Il est bon d'user dans une juste mesure de ces procédés abréviatifs qui sont destinés surtout aux monosyllabes.

Un trop grand nombre de superpositions, d'infrapositions ou d'intersections successives avec des monogrammes composés de plusieurs signes, pourrait nuire à la rapidité en éloignant trop souvent la main de la ligne d'écriture.

5ᵉ Règle. — Les signes de eu, u, an, in, on, un, finissant un mot à l'extrémité d'une consonne courbe se tracent toujours à l'extérieur de la courbe.

Ex : mon, nom, sang, seront, mourront, serein, champ, su, mu, jugeons, moment, essaim, nœud.

6ᵉ Règle. — Les signes de a, o, ou, commençant ou finissant un mot à l'extrémité d'une consonne droite, se tracent comme l'o de l'écriture ordinaire :

Ex : appas, apparat, appeau, fera, faut, bas, bras, bout, beau, afin, gros, gras, la, atout, toi, voix.

7ᵉ Règle. — Les signes de a, o, ou, commençant ou finissant un mot, à l'extrémité d'une courbe, se tracent à l'intérieur de cette courbe.

Ex : âme, homme, âne, amour, aune, âge, agira, auge, ma, honneur, sot, assaut, maux, narra, hameau.

8ᵉ Règle. — Les signes de a, o, ou, se trouvant entre deux consonnes droites ou courbes formant un angle, se tracent au sommet extérieur de l'angle.

Ex : pâques, pale, boule, tailleur, balle, coffre, connaître, fromage, gramme, robe, épave, malade, glace.

Les trois tableaux récapitulatifs qui vont suivre indiqueront la manière d'unir aux consonnes les voyelles initiales, médiales et finales, conformément aux règles de liaison que nous venons d'étudier.

Cinquième Leçon.

1ᵉ Tableau récapitulatif des voyelles et nasales initiales.

№ 1		A o	É È I ⊂ ⊃ ⊂	O OU OI o ⊙	EU U ⟨ ⟩	AN ⟨ ⟩ ⟨ ⟩	IN ⟨ ⟩	ON ⟨ ⟩	UN ⟨ ⟩
Pe	ǀ	ᵒP P	⁊ ⁊	ᵒP P	⟩ ⟩	⟩ ⟩	″	″	″
Be	ǀ	ᵖ P	⁊ ⁊	P P	⟩ ⟩	⟩ ⟩	″	″	″
Te	—	ᵒ ᵉ	⌒ ⌒	ᵒ ᵉ	⌒ ⌒	⌒ ⌒	″	″	″
De	—	ᵒ ᵉ	⌒ ⌒	ᵒ ᵉ	⌒ ⌒	⌒ ⌒	″	″	′
Fe	\	ℓ ℓ	⁊ ⁊	ℓ ℓ	⁊ ⁊	⁊ ⁊	″	″	″
Ve	\	ℓ ℓ	⁊ ⁊	ℓ ℓ	⁊ ⁊	⁊ ⁊	″	″	″
Ke	∕	ᵒP P	⁊ ⁊	ᵒP P	⟩ ⟩	⟩ ⟩	″	″	″
Gue	∕	P P	⁊ ⁊	P P	⟩ ⟩	⟩ ⟩	″	″	″
Le	∕	ᵒ ᵒ	⌒ ⌒	ᵒ ᵒ	∕ ∕	∕ ∕	″	″	″
Re	∕	ᵒ ᵒ	∕ ∕	ᵒ ᵒ	∕ ∕	∕ ∕	″	″	″
Me	⟨	ℓ ℓ	⟨ ⟨	ℓ ℓ	⟨ ⟨	⟨ ⟨	″	″	″
Ne (ane)		ᵒ ᵒ	⟩ ⟩	ᵒ ᵒ	⟩ ⟩	⟩ ⟩	″	″	″
Je CHe	⌒	⌒ ⌒	⌒ ⌒	⌒ ⌒	⌒	⌒	″	″	″
Se Ze	⌣	ℓ ℓ	⌣ ⌣	ℓ ℓ	⌣	⌣	″	″	″

2º Tableau récapitulatif des voyelles et nasales médiales.

Les voyelles et nasales médiales prennent différentes positions, suivant le tracé de la consonne qui les suit. Ainsi, dans le mot tableau, le signe o est tracé au-dessus du signe t, tandis que dans le mot talent, le signe o est, au contraire, tracé au dessous.

Nº 2	Pe |	Be |	Te —	De —	Fe \	Ve \	Ke /	Gue /	Le ,	Re /	Me ⊂	Ne Gne ⊃	Je CHe ⌒	Se Ze ⌣
A o	bd	bd	ᴛ₀	₀ᴛ	ʕᵒ	⋁ᵒ	ᵒᴅ	ᵒd	ᵨ	ᵨ	⊊	⊋	⌒	⌣
É È	JL	JL	—	—	ʃᴜ	ʃᴜ	ᴊᴜ	ᴊᴜ	⌐	⌐	ς	⊋	⌒	⌣
I	ι	L	—	—	⋁	⋁	ι	ι	⌐	⌐	⊊	⊋	⌒	⌣
O OU o	bd	bd	₀ᴛ₀	₀ᴛ₀	ʕᵒ	ʕᵒ	ᵒᴅ	ᵒd	ᵨ	ᵨ	⊊	⊋	⌒	⌣
OI	bd	bd	₀ᴛ₀	₀ᴛ₀	ʕᵒ	ʕᵒ	ᵒᴅ	ᵒd	ᵨ	ᵨ	⊊	⊋	⌒	⌣
EU U	JL	JL	—	—	ʃᴜ	ʃᴜ	ᴊᴜ	ᴊᴜ	⌐	⌐	⊊	⊋	⌒	⌣
AN	(\)	(\)	₌	₌	ʃᴜ	ʃᴜ	ᴊᴜ	ᴊᴜ	⌐	⌐	⊊	⊋	⌒	⌣
IN	"	"	"	"	"	"	"	"	"	"	"	"	"	"
ON	"	"	"	"	"	"	"	"	"	"	"	"	"	"
UN	"	"	"	"	"	"	"	"	"	"	"	"	"	"

3º Tableau récapitulatif des voyelles et nasales finales.

N°3	Pe |	Be |	Te -	De —	Fe \	Ve \	Ke /	Gue /	Le ⌐	Re /	Me (	Ne Gne)	Je CHe ⌒	Se Ze ⌣
A	lob	lob	⌒⌒	⌒⌒	\ob	\ob	66	16	99	99	66	ƏƏ	⌒⌒	⌣⌣
É È	JJ	JJ	﹃﹃	⎯⎯	\J	\J	JJ	JJ	ϽϽ	ƧƧ	ϚϚ	ϽϽ	⌒⌒	⌣⌣
I	ιι	ιι	⌒⌒	⎯⎯	\ι	\ι	ιι	ιι	⌐⌐	↗↗	66	ϽϽ	⌒⌒	⌣⌣
O	lob	lob	⌒⌒	⌒⌒	\ob	\ob	16	16	99	99	66	ƏƏ	⌒⌒	⌣⌣
OU	lob	lob	⌒⌒	⌒⌒	\ob	\ob	16	16	99	99	66	ƏƏ	⌒⌒	⌣⌣
OI	lob	lob	⌒⌒	⌒⌒	\ob	\ob	16	16	99	99	66	ƏƏ	⌒⌒	⌣⌣
EU	JJ	JJ	﹃﹃	⎯⎯	\\	\\	JJ	JJ	⌐⌐	↗↗	ϚϚ	ϽϽ	⌒⌒	⌣⌣
U	LL	LL	⎯⎯	⎯⎯	\L	\L	ιι	ιι	⌐⌐	↗↗	"	"	"	"
AN	LL	LL	⎯⎯	⎯⎯	\L	\L	ιι	ιι	⌐⌐	↗↗	ϚϚ	ϽϽ	⌒⌒	⌣⌣
IN	"	"	"	"	"	"	"	"	"	"	"	"	"	"
ON	JJ	JJ	﹃﹃	⎯⎯	\\	\\	JJ	JJ	⌐⌐	↗↗	"	"	"	"
UN	"	"	"	"	"	"	"	"	"	"	"	"	"	"

4º Exercice de révision.

Le plus simple don deviens précieux quand il est offert par

le cœur est embelli par la délicatesse. Après le plaisir que procure une bonne action, l'un de ses bons effets est le désir qu'elle donne d'en faire de pareilles. Sans la bonté du cœur, les ressources de l'esprit sont dangereuses. Quand un plaideur croit que son affaire a été mal jugée par le tribunal de première instance, il en appelle à la Cour. Cette personne a perdu la mémoire. Le blessé appelait sans cesse ses camarades, croyant n'avoir plus qu'un moment à vivre. Le commerce de la vie ne peut exister sans un échange réciproque de bonté. L'indifférence est un mal social.

Nous ne pouvons que répéter ce que nous avons dit à la fin de la deuxième leçon. Il est indispensable d'apprendre par cœur tous les signes (voyelles, nasales et consonnes), de s'exercer à les tracer posément avec leurs dimensions exactes et à les unir entre eux pour former des mots, en observant les règles de liaison que nous venons d'étudier.

On ne doit pas se préoccuper de la vitesse qui s'acquerra graduellement avec le temps par une pratique assidue de la sté.

nographie.

Le premier but à atteindre, c'est d'avoir une écriture correcte et bien lisible.

Si, dès le début, on essaie d'écrire vite, on risque de déformer à jamais son écriture et par là même de se trouver dans l'impossibilité de relire ses notes.

Sixième et Septième Leçons.

1ͤ Finales liées.

Les finales liées comprennent quatre règles pour lesquelles nous utiliserons les signes des voyelles o ⵔ ⵓ r en leur donnant une position contraire aux règles de liaison des voyelles finales.

Ainsi, pour indiquer la terminaison d'un mot avec les signes o ⵔ, nous tracerons ces signes à la fin du mot contrairement aux règles de liaison, c'est-à-dire à l'inverse de l'o de l'écriture ordinaire, ou en dehors des signes courbes. De cette façon on ne pourra pas les confondre avec une voyelle et on verra sans peine qu'il faut lire une finale et non une voyelle.

Pour indiquer la terminaison d'un mot avec les signes ⵓ ⌒ ⌒ ⌒ ⌒ ⌒ ⌒, nous tracerons ces signes à la fin du mot en ayant soin de faire un angle avec le signe qui les précède. L'angle prohibé signifiera qu'on se trouve en présence d'une finale et qu'il y a lieu de lire une finale et non une voyelle.

C'est ce qu'on appelle des incompatibilités.

Voici d'ailleurs les règles de finales liées qui éclaireront d'une manière complète les explications qui précèdent.

1ʳᵉ Règle. — Lorsqu'un mot se termine par *ation, action, ention, antion, anction, emption* et analogues, on représente ces finales par un petit cercle o que l'on trace à l'inverse de l'o de l'écriture ordinaire ou en dehors des signes courbes.

Ex : opération, fraction, attraction, pension,

relation, indication, fabrication, rédemption,

mention , appréciation , sanction .

On remarquera que la position du signe o à la fin du mot est contraire à la règle de liaison de la voyelle o à la fin d'un mot. Donc c'est bien une finale que nous avons tracée et non une voyelle.

L'application de cette première règle montre l'importance qu'il y a pour l'élève à connaître parfaitement les règles de liaison des voyelles pour ne pas confondre ces dernières avec des finales.

2ᵉ Règle. — Lorsqu'un mot se termine par otion, oction, option, ontion, onction et analogues, on représente ces finales par un grand cercle o que l'on trace à l'inverse de l'o de l'écriture ordinaire ou en dehors des signes courbes.

Ex: potion , adoption , fonction , componction , motion , notion , jonction , assomption , conjonction . émotion .

Même observation que pour la règle précédente.

3ᵉ Règle. — Lorsqu'un mot se termine par étion, ession, ection, eption, ition, ission, iction et analogues, on représente ces finales par un petit demi-cercle que l'on trace de manière à faire un angle.

Ex: affection , élection , pression , édition , répétition , fiction , friction , mission , perception , ambition , punition , section

L'angle prohibé indique que l'on se trouve en présence d'une finale et non d'une voyelle, car on se souvient que les voyelles s'unissent toujours sans angle. Donc, pas de confusion possible dans la lecture.

4ᵉ Règle. — Lorsqu'un mot se termine par ution, ussion, uction, uption, ulsion et analogues, on représente ces finales par un quart de cercle que l'on trace de manière à faire un angle.

Ex : solution , ablution , corruption , interruption, impulsion , induction , répulsion , conclusion , infusion, adduction , confusion , réduction .

Même observation que pour la règle précédente.

Pour retenir immédiatement et sans effort les finales liées, il suffit de remarquer l'analogie que nous avons conservée dans la désignation des signes destinés à les représenter :

Finales en ation, etc. : signe de la voyelle a ;
Finales en otion, etc. : signe de la voyelle o ;
Finales en étion, ission, etc. : signes des voyelles é ou i ;
Finales en ution, etc. : signe de la voyelle u .

Remarque. — On appelle finales analogues des finales se rapprochant comme prononciation de celles qui figurent dans les règles que nous venons d'indiquer. Ainsi la finale açon est analogue de ation.

Les mots maçon , façon
s'écriront :

La finale aison est analogue de étion .

Les mots raison , saison
s'écriront :

2ᵉ Exercice.

C'est de l'instruction de la jeunesse que dépend le sort des États. Prenons la résolution de travailler avec ardeur. La présomption est fille de l'ignorance. Le bronze est surtout consacré aux œuvres d'art pour la décoration des édifices. Le travail du fondeur se compose d'opérations distinctes dont la première est la préparation des moules ; on donne aux moules les dimensions des objets qu'on veut produire. Le fer a des applications très variées. Les diverses éditions de cet ouvrage ont valu une mention à son auteur. Les voies de communication font la richesse d'un pays. La houille provient d'énormes forêts détruites par de grandes révolutions. On fait sans cesse usage de l'impression que les corps produisent sur nous par le contact pour juger de leur température.

3ᵉ Finales détachées.

Les finales détachées comprennent huit règles pour lesquelles nous emploierons comme signes détachés le point, l'accent aigu et l'accent grave que nous placerons au-dessus, au-dessous ou à côté du monogramme.

De même que les finales liées, les finales détachées sont très avantageuses car elles réduisent considérablement le tracé des mots.

1ʳᵉ Règle. — Lorsqu'un mot se termine par graphie, ogie, omie et analogues, on représente ces finales par un point que l'on place au-dessus du dernier signe.

Ex : sténographie , graphologie , astronomie ,

cosmographie, géographie, philosophie, monomanie.

2ᵉ Règle. — Lorsqu'un mot se termine par ité, isté, uité, iété et analogues, on représente ces finales par un point que l'on place au-dessous du dernier signe.

Ex : société, vérité, fatuité, propriété, charité, attristé, maturité, fidélité, qualité, agilité, légèreté.

3ᵉ Règle. — Lorsqu'un mot se termine par aple, able, iable, iple, ible, oble, uble et analogues, on représente ces finales par un point que l'on place à côté du dernier signe.

Ex : fable, potable, diable, terrible, crible, durable, sociable, disciple, noble, chasuble.

4ᵉ Règle. — Lorsqu'un mot se termine par ement, ellement, alement, issement, ivement et analogues, on représente ces finales par un accent aigu que l'on place au-dessous du dernier signe.

Ex : tellement, moralement, mortellement, vivement, parallèlement, embellissement, péniblement.

5ᵉ Règle. — Lorsqu'un mot se termine par atic, atique, astique, otique, ogique, itique, ublique, graphique et analogues, on représente ces finales par un accent aigu que l'on place au-dessous du dernier signe.

Ex : pratique, politique, critique, logique, gothique, plastique, république, graphologique, sténographique, gymnastique, monastique.

6ᵉ Règle. — Lorsqu'un mot se termine par isme, iste et analogues, on représente ces finales par un accent aigu que l'on place à côté du dernier signe.

Ex : journalisme, barbarisme, piste, catholicisme, légiste, pianiste, juriste, choriste.

7ᵉ Règle. — Lorsqu'un mot se termine par atien, ancien, itien, icien et analogues, on représente ces finales par un accent grave que l'on place au-dessus du dernier signe.

Ex : praticien, pharmacien, rhétoricien, alsacien, physicien, politicien, musicien, académicien.

8ᵉ Règle. — Lorsqu'un mot se termine par graphe, atif, actif, entif et analogues, on représente ces finales par un accent grave que l'on place au-dessous du dernier signe.

Ex : sténographe, superlatif, photographe, carafe, réactif, attentif, préparatif, géographe, préventif.

4º Tableau récapitulatif des finales.

Finales liées.	Signes.
ation, action, ention, antian, anction, emption et analogues.	à l'inverse de l'o de l'écriture ordinaire ou en dehors des signes courbes.
otion, oction, option, ontion, onction et analogues.	à l'inverse de l'o de l'écriture ordinaire ou en dehors des signes courbes.
étion, ession, ection, eption, ition, ission, iction et analogues.	en faisant un angle
ution, ussion, uction, uption, ulsion et analogues.	en faisant un angle

Finales détachées.	Signes.
graphie, ogie, omie et analogues	
ité, isté, uité, iété et analogues	
aple, able, iable, iple, ible, oble, uble et analogues	
ement, ellement, alement, issement, ivement et analogue	
atic, atique, astique, otique, ogique, itique, ublique, graphique et analogues	
isme, iste et analogues	
atien, ancien, itien, icien et analogues	
graphe, actif, utif, entif et analogues	

5º Exercice.

Ésope a dit fort ingénieusement que la meilleure comme la pire des choses était la langue. Tandis que la géographie nous fait la description de la terre, la cosmographie nous indique la place qu'elle occupe dans l'univers. Le vrai seul est aimable; il doit régner partout, même dans la fable. La critique est aisée, mais l'art est difficile. Les Alsaciens montrent chaque jour combien est grand leur attachement à la France. Le journalisme a pris depuis quelques années une extension considérable.

HUITIÈME LEÇON.

1º Suppression de syllabes médiales.

Lorsqu'il s'agit de mots longs, on n'écrit que la racine ou les premières syllabes, à condition de préciser la terminaison, soit à l'aide d'une finale, s'il y en a une, soit en traçant au-dessous un petit trait horizontal qui indique que le mot n'est pas terminé.

Ex: constitution, responsabilité, civilisation, proposition, conditionnellement, fraternellement, conditionnel, fonctionnaire.

2º Préfixes.

1º Lorsqu'un mot commence par les préfixes super, supers, supra, hyper et analogues, on les exprime par un point que l'on place au-dessus du premier signe du monogramme.

Ex: superlatif, superstition, hyperbole.

2º Lorsqu'un mot commence par les préfixes sous, sub, hypo et analogues, on les exprime par un point que l'on place au-dessous du premier signe du monogramme.

Ex: sous-préfet, subvention, hypothèse,

3º Lorsqu'un mot commence par les préfixes trans, anti, extra et analogues, on les exprime par un point que l'on place à côté du premier signe du monogramme, sur la ligne d'écriture.

Ex: transmettre, extravagant, extraordinaire, anticonstitutionnel.

3º Mots usuels.

Il existe en français des mots et des expressions qui se reproduisent très souvent et que l'on nomme pour cette raison : mots usuels.

Au lieu de représenter ces mots par l'ensemble des signes sténographiques correspondants, on les exprime à l'aide de monogrammes conventionnels et arbitraires qui conservent cependant quelque analogie avec le tracé complet.

Les principaux mots usuels et leurs monogrammes conventionnels sont :

après   auprès   avec   à la fois   à travers   aujourd'hui   au milieu de   au-dessus de   au-dessous de   au lieu de   au lieu que   au contraire   beaucoup   cependant   ce n'est pas   ce n'est point   ce que   de ce que   tout ce que   c'est-à-dire   par conséquent   en conséquence   de la   au delà   depuis   déjà   de sorte que   d'ailleurs   de temps en temps   eh bien   etc   en quelque sorte   il y a   il n'y a pas   il n'y a point   il n'y a que   il y a là   jamais   jusque   jusqu'à   jusqu'à ce que   lorsque   de loin en loin   monsieur   messieurs   madame   mesdames   mademoiselle   mesdemoiselles   maintenant   nous   nous nous   nous vous   de nous   parce que   pourquoi   puisque   presque   peut-être   pendant   pourvu   pourvu que   par   peu à peu   plus   de plus en plus   plus ou moins   pour le moins   au moins   du moins   tout au moins   à tout le moins   de moins en moins   point de vue   point de départ   pour ainsi dire   quelquefois   quoique   quoiqu'il en soit   quelque chose   qu'est-ce que   seulement   non seulement   sans doute   tandis que   tout, toute, tous, toutes   tour à tour   toujours   toutefois   tout à

fait — tout à coup — tout à l'heure — tout de suite
voilà — vis-à-vis — vous — vous nous
vous vous — de vous —

NEUVIÈME ET DIXIÈME LEÇONS

1º Conseils pratiques

Comme nous l'avons déjà dit, sous peine de déformer son écriture dès le début et de se trouver plus tard dans l'impossibilité de relire les notes écrites rapidement, il est absolument nécessaire d'écrire à main posée les exercices suivants et tout ce que l'on écrira désormais, sans se préoccuper de la vitesse que l'on acquerra d'autant plus rapidement qu'on écrira beaucoup et qu'on lira beaucoup, car il faut mener de front l'écriture et la lecture.

On ne doit jamais rien écrire qui ne soit relu ensuite au moins une fois et même plusieurs fois, si c'est possible.

En outre, il est indispensable de s'en tenir exclusivement aux règles qui figurent dans le cours, sans chercher à en ajouter d'autres, quelque bonnes qu'elles puissent paraître, sous peine de compromettre la lisibilité et même la rapidité.

Si la suppression des voyelles, autre que celle que nous avons indiquée, peut à la rigueur s'admettre dans certaines langues étrangères, comme l'anglais, où elles jouent un rôle secondaire, elle ne peut s'opérer en français qu'aux dépens de la clarté de l'écriture et c'est un des plus graves écueils que les sténographes doivent éviter.

De nombreux auteurs et professeurs qui, à l'user, ne se sont pas rendus compte du fort et du faible de certains procédés abréviatifs exclusivement théoriques qu'ils préconisent, auteurs et professeurs qui ont le grand défaut de ne pas être des praticiens, s'occupent de la rapidité, en sacrifiant trop la lisibilité. Ils ne semblent point comprendre que c'est de cette dernière qualité surtout qu'a besoin un système vraiment pratique.

D'autre part, on aura plus tôt rase, mais deux ou trois si pas dont l'habitude dispense de toute réflexion, qu'un n'aura tracé un caractère unique destiné à remplacer cet assemblage, s'il exige un effort de mémoire ou d'attention.

Pour écrire la sténographie, on peut se servir du crayon ou de la plume. Cependant la plume est préférable. Elle nécessite des mouvements perdus pour se tremper dans l'encre, mais elle a une netteté de trait qui fait défaut au crayon.

Les inconvénients du crayon sont qu'il s'émousse trop vite; que sa pointe s'écrase et qu'au bout d'un certain temps il arrive à être serré par les doigts, de façon à les énerver, tandis que la plume fatigue beaucoup moins.

En résumé, on doit user de chacun de ces instruments suivant le cas et l'occurence, mais la plume sera préférée quand on sera installé commodément.

2º Exercices d'écriture et de lecture.

Traduire en sténographie les exercices suivants et corriger soi-même son travail mot par mot et signe par signe, avec le texte sténographique qui se trouve à la suite de chaque exercice.

1º L'enthousiasme.

L'enthousiasme est de tous les sentiments celui qui donne le plus de bonheur, celui qui en donne véritablement, le seul qui sache nous faire supporter la destinée humaine dans toutes les situations où le sort peut nous placer. C'est en vain qu'on veut se réduire aux jouissances matérielles, l'âme revient de toutes parts; l'orgueil, l'ambition, l'amour-propre, tout cela c'est encore de l'âme, quoiqu'un souffle empoisonné s'y mêle. Quelle misérable existence cependant que celle de tant d'hommes en guerre avec eux-mêmes presque autant qu'avec les autres et repoussant les mouvements généreux qui renaissent dans leur cœur comme une maladie de l'imagination que le grand air doit dissiper.

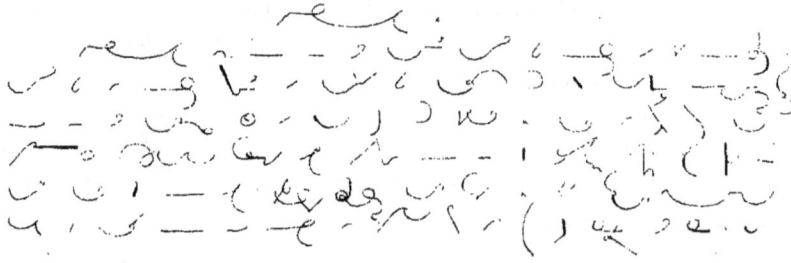

2º Le dévoûment à la science.

Je ne pouvais avoir à ma disposition qu'un très petit nombre de livres ; il me fallait aller chercher le reste dans les bibliothèques publiques. Au plus fort de l'hiver, je faisais de longues séances dans les galeries glaciales de la rue Richelieu, et, plus tard, sous le soleil d'été, je courais à l'Institut dont la bibliothèque, par une faveur exceptionnelle, restait ouverte jusqu'à peu près cinq heures. Les semaines et les mois s'écoulaient rapidement pour moi au milieu de ces recherches préparatoires, où ne se rencontrent ni les épines, ni les découragements de la rédaction . . . .

3º Dans l'espèce d'extase qui m'absorbait intérieurement pendant que ma main feuilletait le volume où je prenais des notes, je n'avais aucune conscience de ce qui se passait autour de moi. La table où j'étais assis se garnissait et se dégarnissait de travailleurs : je n'entendais rien ; je ne voyais rien ; je ne voyais que les apparitions évoquées en moi par la lecture. Ce souvenir m'est encore présent ; et, depuis cette époque de premier travail, il ne m'arriva jamais d'avoir une perception aussi vive des personnages de mon drame, de ces personnages de races, de mœurs, de physionomies si diverses qui successivement se présentaient à mon esprit.   (Augustin Thierry.)

4º Les plantes sont des êtres vivants doués d'une véritable respiration ; elles ressemblent donc, sous ce rapport, aux animaux. L'air leur est si nécessaire que s'il vient à leur manquer, elles ne tardent pas à dépérir. Elles respirent par les feuilles qui sont pour elles de véritables poumons. Mais, tandis que les animaux en respirant absorbent une partie de l'oxygène de l'air et rejettent une notable quantité d'acide carbonique, les plantes, au contraire, versent dans l'atmosphère une grande abondance d'oxygène et retiennent une forte proportion d'acide carbonique. Elles sont donc appelées à remédier à l'incessante altération que les espèces animales font subir au fluide respirable. Toutefois cette action bienfaisante des végétaux ne se produit que sous l'influence de la lumière, c'est-à-dire pendant le jour, en sorte que si le soleil venait à s'éteindre, le globe, plongé dans l'obscurité, perdrait bientôt toute sa verdure en même temps que le règne végétal disparaîtrait.

ONZIÈME LEÇON.

Procédés abréviatifs supérieurs.

À la rapidité que l'on acquiert par la pratique, on peut ajouter une rapidité encore plus grande par l'application des procédés suivants:

1º Adjectifs et participes.

On peut mettre les adjectifs et les participes au masculin, alors même qu'ils sont au féminin.

Ex : une personne intelligente ; la somme prise

2º Suppression de voyelles et de consonnes médiales.

On peut supprimer dans le corps des mots les voyelles et les consonnes qui ne sont pas rigoureusement nécessaires pour la lecture.

Ainsi les mots *admiration*, *satisfaction* se réduisent à *amration*, *satfaction* et s'écrivent

3º Liaison de mots.

On peut réunir plusieurs mots ensemble, principalement des monosyllabes et des locutions familières.

A moins de confusion possible le pronom *je* se lie avec les mots qui le suivent, même quand ces mots commencent par une consonne.

Ex : de ne pas , sur le champ , afin de pouvoir,

je te , je le , je me , etc.

4º Abréviations logiques.

On peut supprimer certains mots d'une utilité secondaire qu'il est facile de rétablir dans la lecture. C'est le style employé dans les télégrammes.

Ex : La grenouille est un petit animal
           grenouille est   petit animal

de la famille des batraciens. Sa ressemblance avec
le crapaud est cause de la répugnance dont elle
est l'objet.

DOUZIÈME LEÇON.

1º Numération.

Bien qu'on emploie les chiffres ordinaires, la numération présente quelques moyens abréviatifs.

1º On trace les chiffres le plus simplement possible.
Ex: au lieu de 1 2 3 4 5 6 7 8 9
on écrira   1 2 3 4 5 6 7 8 9

2º Dans les nombres exprimant exactement des centaines, des mille, des millions ou des milliards, on remplace par un signe conventionnel les zéros qui accompagnent le chiffre ou le nombre significatif.

Ainsi on indique :
Cent, par un petit trait placé au-dessous du chiffre $\underline{1}$
Mille, par un petit trait placé au-dessous du chiffre $\overline{1}$
Million, par un petit trait droit coupant le chiffre $\not{4}$
Milliard par un petit trait courbe coupant le chiffre $\notsim{4}$

Ex : 100   200   300   400   500   etc.
      $\underline{1}$ $\underline{2}$ $\underline{3}$ $\underline{4}$ $\underline{5}$

1000   2000   3000   2 000 000   4 000 000   etc.
$\overline{1}$ $\overline{2}$ $\overline{3}$ $\not{2}$ $\not{4}$

100 000   800 000   200 000 000   14 000 000 000
$\overline{\underline{1}}$ $\overline{\underline{8}}$ $\not{\underline{2}}$ $\not\sim{14}$

3º On fait suivre d'un point les nombres exprimant le rang.
Ex : premier, second, troisième, vingtième.
       1.   2.   3.   20.

4º On met après les nombres exprimant l'ordre un petit cercle qu'on se dispense de souligner par un trait comme on le fait ordinairement.

Ex : *primo* , *secundo* , *tertio* , *quarto* , etc.
   1º   2º   3º   4º

5º On fait suivre d'un accent aigu les nombres employés adverbialement.

Ex : *premièrement* , *dixièmement* , *centièmement* .
   1'   10'   1'

6º Dans les expressions 3%, 4%, 5%, etc., on supprime les zéros et l'on a :   3/   4/   5/

7º Dans les fractions, on supprime le trait horizontal qui d'ordinaire sépare les deux termes.

Ex : $\frac{1}{4}$, $\frac{2}{3}$, $\frac{4}{5}$ s'écrivent 1   ,   2   4
                                                            4   3   5

2º Ponctuation.

En sténographie, aucun signe de ponctuation n'est rigoureusement nécessaire. Cependant on peut employer ceux de l'écriture ordinaire. Tous ces signes doivent être mis à une certaine distance du mot qui les précède et de celui qui les suit.

Lorsqu'on n'emploie pas de ponctuation, il est bon de séparer les propositions distinctes par des espaces blancs.

Pour indiquer un changement d'interlocuteur, on se sert de deux traits formant un angle opposé au premier monogramme soit ⟨.

La parenthèse se trace ainsi ( ).

Pour aider à la lisibilité, il est d'usage de souligner les noms propres et de tracer un trait au-dessus des mots et des phrases en langue étrangère, c'est-à-dire de les surligner.

3º Conseils pratiques.

Quand on connaît théoriquement la sténographie, on se fait sténographe soi-même par des exercices suivis d'écriture et de lecture. Nous ne saurions trop recommander de se créer un travail intéressant et de longue haleine. On peut d'ailleurs faire tourner cela au profit des études et du développement intellectuel.

Il faut s'astreindre, par exemple, à copier en sténographie et à relire quelques jours après, des livres d'histoire ou de voyage, des articles spéciaux d'une bonne encyclopédie, en un mot des livres utiles.

Il est également indispensable, pour faire des progrès rapides, que les élèves aient sous les yeux des types d'écriture pour les comparer à leur travail, constater leurs progrès, se rendre compte des écueils à éviter et des améliorations qu'ils peuvent obtenir. Cela exerce l'œil à la lecture d'une écriture sténographique étrangère, ce qui est infiniment plus profitable que la lecture qu'on fait de sa propre écriture, car il est des erreurs familières et l'on retrouve souvent le sens d'un texte qu'on a mal écrit, sans s'apercevoir des fautes qu'il renferme.

Une publication sténographique est donc le complément naturel et indispensable de cet ouvrage. Cette publication, créée depuis plusieurs années et qui a pour titre "France-Sténographe" paraît tous les mois, avec 16 pages de texte. Son prix d'abonnement est de 5 francs par an.

Pour recevoir "France-Sténographe", écrire à l'adresse suivante : Monsieur F. Canton, sténographe, à Bordeaux (Gironde.)

4º Texte sténographique.

LA "CALLIGRAPHE"

MACHINE A ÉCRIRE A CLAVIER

Imprimant en caractères typographiques et permettant de QUINTUPLER la vitesse de la plume.

1re MÉDAILLE D'OR
Paris 1889

DIPLOME D'HONNEUR
Paris 1891

71,000 Machines vendues.

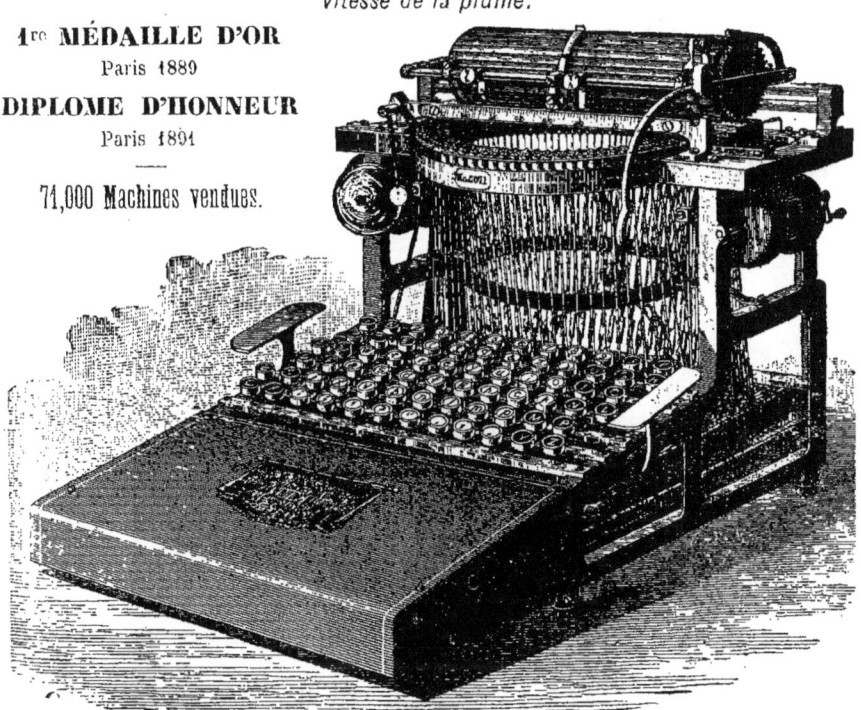

La " THE POSTAL TELEGRAPH C° " de New-York a acheté, en un seul ordre, **1,000** machines " **CALLIGRAPHE** "

Extrait des Rapports du Jury de l'Exposition de Paris 1889 :

« **Nous avons cru devoir donner une description complète de la « Calligraphe », parce qu'elle a été classée la première parmi toutes les machines à écrire exposées »**, et ce, avec le clavier ancien ci-dessus représenté. Le clavier 1893 est encore plus adapté à notre idiome et, par la classification des touches (un rang minuscules, un rang majuscules correspondantes), cela RÉDUIT le nombre de touches à apprendre au nombre des lettres de l'alphabet, soit **26**, avantage énorme sur tous nos concurrents.

Au dernier concours annuel, organisé le 9 avril 1893, par le Syndicat général des Sténographes et des Dactylographes de Paris, le premier prix de l'épreuve la plus importante, *« Sténographie d'une lettre commerciale, avec transcription à la machine, »* a été remporté par un opérateur se servant de la " **Calligraphe.** »

FENWICK Frères & C°, rue du Paradis, 17, PARIS

L. NOIRIT, agent régional, rue Laharpe, 72, Le Bouscat-Bordeaux

Machines en dépôt — Essais gratuits — Vente — Location — Facilités de paiement.

CARNET-PUPITRE STÉNOGRAPHIQUE
à l'usage des Sténographes

Les 6 exemplaires, franco .... F. 4 »
Les 12   —   —   .... 7 »
Un exemplaire pris dans nos bureaux, ... » 60

En vente aux bureaux de FRANCE-STÉNOGRAHE
rue Saint-Christoly, 10, Bordeaux

IMPRIMERIE & LITHOGRAPHIE
G. DELMAS
Rue Saint-Christoly, 10, BORDEAUX

PUBLICATIONS DE LA MAISON :
Petites-Affiches, Agenda-Annuaire, Annuaire de Poche
Guide Bordelais

IMPRESSIONS EN TOUS GENRES

www.ingramcontent.com/pod-product-compliance
Lighting Source LLC
Chambersburg PA
CBHW060703050426
4245ICB00010B/1246